まちごとインド

West India 015 Ellora

エローラ

岩山から彫り出された「至高の寺院」

वेरुळ

Asia City Guide Production

【白地図】エローラ近郊図

INDIA
西インド

【白地図】エローラ

INDIA
西インド

エローラ

Ellora 白地図

【白地図】エローラ石窟

INDIA
西インド

【白地図】仏教窟

INDIA
西インド

仏教窟

Ellora 白地図

0m 50m

【白地図】ヒンドゥー教窟

INDIA
西インド

【白地図】第16窟カイラサナータ寺院

INDIA
西インド

第16窟
カイラサナータ寺院

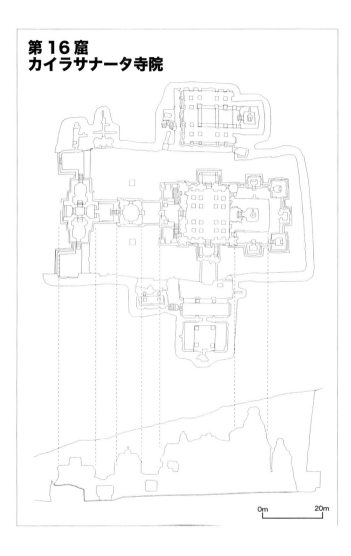

Ellora 白地図

【白地図】ジャイナ教窟

INDIA
西インド

INDIA
西インド

【まちごとインド】
西インド 011 はじめてのマハラシュトラ
西インド 012 ムンバイ
西インド 013 プネー
西インド 014 アウランガバード
西インド 015 エローラ
西インド 016 アジャンタ
西インド 021 はじめてのグジャラート
西インド 022 アーメダバード
西インド 023 ヴァドダラー(チャンパネール)
西インド 024 ブジ(カッチ地方)

インド中央部に広がるデカン高原北西端の山麓に開かれたエローラ石窟群。8世紀前後に彫られた石窟寺院が南北に 30 あまり続き、他に類のない規模、装飾の多彩さ、独創性を誇る寺院群が残っている。

インドでは神々の姿を石に彫り出し、また石を積みあげて寺院を築くということが古くから行なわれてきた。なかでも巨大な岩山を上から彫り出し、120 年の月日をかけて完成したエローラ第 16 窟カイラサナータ寺院はインド美術の最高傑作とされる。

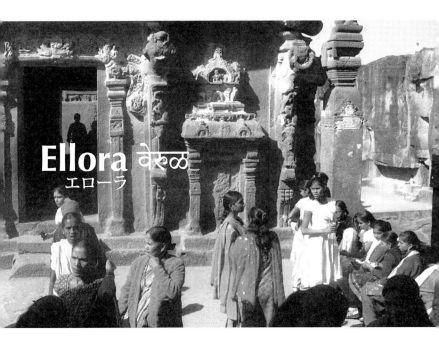

Ellora ವೆಳೂಳ
エローラ

　シヴァ神がまつられたカイラサナータ寺院を筆頭に、エローラでは仏教、ヒンドゥー教、ジャイナ教という3つの石窟寺院が見られる。3つの宗教が共存する様子は、古くからさまざまな王朝や宗教が交錯してきたインドにあって、異なる宗教に対する寛容さを示すのだという。

【まちごとインド】
西インド 015 エローラ

目次

エローラ	xvi
神々が織りなす極限世界	xxii
エローラ鑑賞案内	xxviii
仏教窟鑑賞案内	xxxiii
彫り出された神々	xl
ヒンドゥー教窟鑑賞案内	xlv
第16窟鑑賞案内	liv
続ヒンドゥー教窟鑑賞案内	lxii
ジャイナ教窟鑑賞案内	lxix
デカンに刻まれた巨大彫刻	lxxvi

INDIA
西インド

【MEMO】

【地図】エローラ近郊図

INDIA
西インド

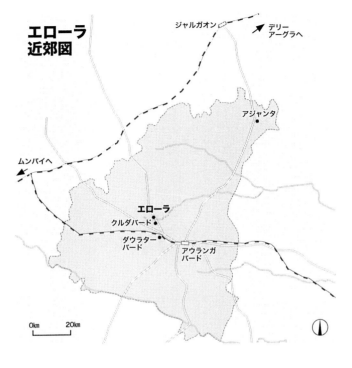

神々が織りなす極限世界

INDIA
西インド

仏教、ヒンドゥー教、ジャイナ教
3つの石窟寺院がならぶエローラ
岩山を彫り出したインド最大の彫刻

デカン高原の岩肌に

インド亜大陸の中央から南部にかけて広がるデカン高原。デカンとは紀元前10世紀ごろにヒンドゥスタン平原に進出してきたアーリア人の言葉で「南」を意味し、ここではヒンドゥー文化とは異なる文化をもったインドの先住民が多く暮らしている。世界でもっとも古い先カンブリア紀（45億年前~5億7500万年前）の地層のうえに1億4000万年前の火山噴火による玄武岩が横たわり、ところどころに綿花の栽培に適した黒い土（玄武岩が風化したレグール土）が姿を現している。このデカン高原の岩肌にエローラは造営された。

Ellora 神々が織りなす極限世界

▲左 インド世界遺産の最高峰エローラ。　▲右 100年以上の月日をかけて現出された

インド彫刻の最高傑作

エローラを代表するヒンドゥー教窟の第16窟カイラサナータ寺院。北インドのヒンドゥー寺院のほとんどが石積み寺院(一定の大きさに切った石を積みあげる)なのに対して、カイラサナータ寺院は岩盤のうえから彫り出した「ひとつの石からなる寺院」となっている。そのためこの寺院は世界最大の彫刻と言われ、シヴァ神の棲むカイラス山(ヒマラヤ)が具現化されている。カイラサナータ寺院にはヒンドゥー神話の一場面や女神、寺院を支える象など豊富な彫刻が残り、本堂にはシヴァ神そのものを表すリンガがまつられている。

INDIA
西インド

▲左　岩山を繰り抜いてつくられた第16窟カイラサナータ寺院。　▲右　美しい姿を見せるヒンドゥーの神々

3つの宗教が混在

エローラ石窟群の最大の特徴は、仏教、ヒンドゥー教、ジャイナ教といった異なる宗教の石窟が共存しているところ。碑文が残されていないところから造営時期の特定は困難だが、アジャンタ後期より遅れて8世紀なかごろから4世紀にわたって開削されたと見られている（北側に位置するジャイナ教窟はもっとも遅いとされる）。街道から離れ、仏教窟であるアジャンタが放棄されたのに対して、街に近いエローラは寺院として使われなくなったあとも旅人の宿として使われていた。

【MEMO】

【地図】エローラ

【地図】エローラの [★★★]
- [ ] ヒンドゥー教窟 Hindu Caves
- [ ] 第16窟カイラサナータ Kailasanatha

【地図】エローラの [★★☆]
- [ ] 仏教窟 Buddhist Caves
- [ ] ジャイナ教窟 Jaina Caves

【地図】エローラの [★☆☆]
- [ ] グリシュネーシュヴァル寺院 Grishneshwar Mandir

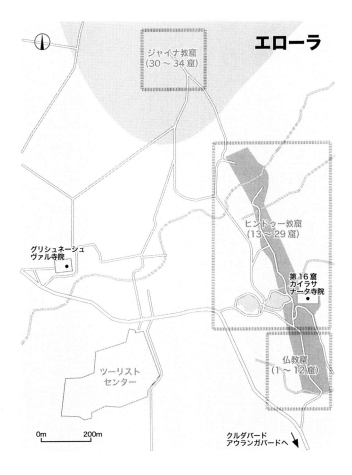

Guide, Ellora

エローラ
鑑賞案内

INDIA
西インド

岩山の斜面に刻まれたエローラ石窟群
南北に30あまり残る石窟群は
南から仏教窟、ヒンドゥー教窟、ジャイナ教窟と続く

エローラの構成

タプティ川流域の岩山の西斜面に南北1.5kmにわたって続くエローラ石窟群。アジャンタが仏教窟のみで構成され、湾曲した川沿いに彫られているのに対して、エローラは3つの異なる宗教の石窟が南北につらなっている。南から仏教窟（1〜12窟）、ヒンドゥー教窟（13〜29窟）、ジャイナ教窟（30〜34窟）とならび、北端のジャイナ教窟は仏教窟、ヒンドゥー教窟からやや離れ、開削時期も遅い。仏教窟には仏像、ヒンドゥー教窟にはシヴァ神というようにそれぞれの信仰対象が刻まれている。

【MEMO】

【地図】エローラ石窟

【地図】エローラ石窟の［★★★］
- [ ] ヒンドゥー教窟 Hindu Caves
- [ ] 第16窟カイラサナータ Kailasanatha

【地図】エローラ石窟の［★★☆］
- [ ] 仏教窟 Buddhist Caves
- [ ] ジャイナ教窟 Jaina Caves

【地図】エローラ石窟の［★☆☆］
- [ ] グリシュネーシュヴァル寺院 Grishneshwar Mandir

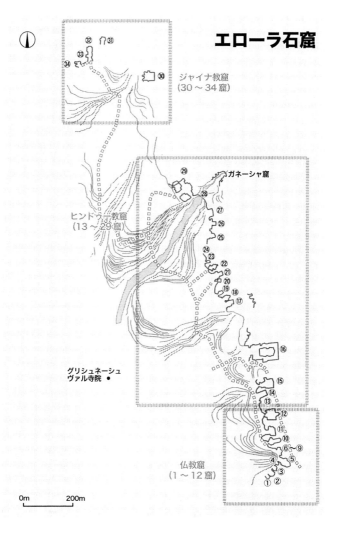

Guide,
Buddhist Caves
仏教窟
鑑賞案内

エローラでもっとも南よりに刻まれた仏教窟
仏僧が瞑想にふけるように
静かで落ち着いた空間が広がっている

仏教窟 Buddhist Caves ［★★☆］

エローラ石窟群の南部に残る1～12窟が仏教窟。これらの石窟群が開削されたのは7～8世紀の後期インド仏教の時代にあたり、アジャンタ石窟（後期は5～6世紀）にくらべて密教化した尊像が見られる。動的な彫刻で彩られているヒンドゥー教窟に対して、仏教の性格を映すように装飾がなく簡素な空間を特徴とする。一般的に仏教窟はブッダの遺灰をおさめたストゥーパをまつる祠堂（チャイティヤ）窟と僧侶が起居する僧院（ヴィハーラ）窟にわけられ、エローラでは10窟のみが祠堂（チャイティヤ）窟となっている。またエロー

INDIA
西インド

▲左 第5窟マハルワダ、静寂につつまれている。　▲右 入口上部に装飾が見える、第10窟ヴィシュヴァカルマ

ラ末期に造営された11、12窟は仏殿のようなたたずまいをしていて、仏教の性格の変化を見てとることができる。

第5窟マハルワダ
Maharwada（6世紀末〜7世紀初頭）[★☆☆]

上部に見える大きな庇が特徴の第5窟。大広間には低いテーブルのあとが残っていて、ここで僧たちが坐り、学問にはげんだと考えられる（チベットに同様の形式のものが残っている）。この石窟は、かつて100人以上の僧侶を収容していたという。

【MEMO】

【地図】仏教窟

【地図】仏教窟の [★★★]
- [ ] ヒンドゥー教窟 Hindu Caves
- [ ] 第16窟カイラサナータ Kailasanatha

【地図】仏教窟の [★★☆]
- [ ] 仏教窟 Buddhist Caves

【地図】仏教窟の [★☆☆]
- [ ] 第5窟マハルワダ Maharwada
- [ ] 第10窟ヴィシュヴァカルマ Visvakarma

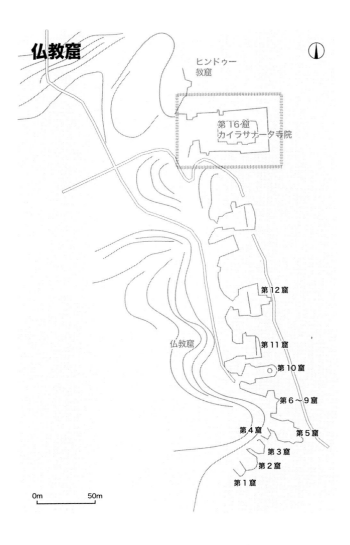

INDIA
西インド

▲左　南北にわたって延々と続く石窟群。　▲右　第10窟は仏教窟唯一の祠堂窟

第10窟ヴィシュヴァカルマ
Visvakarma（7世紀後半～8世紀初頭）［★☆☆］

第10窟は仏教窟のなかで唯一の祠堂窟（二層からなる）。装飾がほどこされた玄関から入ると、間口13m、奥行き26mの祠堂が広がる。ストゥーパの前面に仏像が見える。

彫り出された神々

INDIA 西インド

シヴァ神、ヴィシュヌ神を最高神とするヒンドゥー教
神々をめぐるさまざまな神話が伝えられ
人々にとって大変身近な存在となっている

踊るシヴァ神

シヴァ神は『ナタ・ラージャ（舞踏王）』の別名をとり、この踊るシヴァ神は6世紀末ごろから図像化された。インドでは神々に捧げる祭祀などにおいて踊りが重視され、なかでもシヴァ神の踊りは大地のリズムと呼応すると言われる。14窟右壁、15窟2階左壁、16窟ランケーシュヴァラ窟、21窟広間右側室などに踊るシヴァ神の彫像が見える。

▲左 リンガから生まれるシヴァ神、生命力を象徴する。　▲右 踊るシヴァ神ナタラージャ

リンガから生まれるシヴァ神

シヴァ神そのものと考えられている男性器リンガ。生命を生み出すリンガへの信仰はインダス文明の時代から見出せ、生命を育むモンスーンなど「インド土着の信仰」と「アーリア人の暴風神ルドラ」が同一視されることでシヴァ信仰がかたちづくられた。リンガから生まれるシヴァ神の彫像は、15窟後壁右部に彫り出されている。

シヴァ神とパールヴァティー女神の結婚

カイラサ山（ヒマラヤ）に棲むシヴァ神とその配偶神である

INDIA
西インド

パールヴァティー女神が描かれた図像。山の娘パールヴァティーは修行することによってシヴァ神に認められ、ふたりは結婚した。ドゥルガー女神やカーリー女神などもシヴァ神の配偶神とされ、パールヴァティー女神の化身だと考えられている。21窟広間左側室、29窟南側廊右壁にふたりの結婚の様子が描かれている。

カイラサ山をゆさぶるラーヴァナ

シヴァ神とパールヴァティー女神の棲むカイラサ山をもちあげるラーヴァナの図。ラーヴァナはランカー島（スリランカ

▲左 巨大な一歩を踏み出す、ヴィシュヌ神の超三界。 ▲右 シヴァ神とパールヴァティー女神、下にラーヴァナが見える

に比定される）に棲む魔王で、山をもちあげようとするが神々のしたに閉じ込められている。14窟右壁、16窟基壇右壁、21窟広間後壁左部、29窟正面前廊右部などに繰り返し描かれている。

ヴィシュヌ神の超三界

ラーマやクリシュナ、ブッダなどを化身としてとりこんでいるヴィシュヌ神。古くは『リグ・ヴェーダ』に見られ、矮人となったヴィシュヌ神が天・空・地を三歩で闊歩するところが描かれている。15窟2階右壁に見える。

Guide,
Hindu Caves
ヒンドゥー教窟鑑賞案内

隅々までほどこされた彫刻
肉感的なボリュームとたたずまい
ヒンドゥー教の神々が棲む聖なる空間

ヒンドゥー教窟 Hindu Caves［★★★］

エローラ石窟群のなかほどに位置するヒンドゥー教窟（13〜29窟）。南北に神々がまつられた神殿（僧院窟はない）がならび、各窟とも豊富な彫刻で満たされている。7〜9世紀に造営されたもので、もっとも北の29窟から開削がはじまり、21窟、14窟、15窟、16窟へと続いたともくされている。これらのヒンドゥー教窟はグプタ朝の流れをふまえ、南インドのチャールキヤ朝、パッラバ朝美術の影響を受けて造営された。27窟のすぐ北には雨季には水が落ちる滝があるほか、岩山の上方にガネーシャ窟が見られる。

▲左 神々の彫刻で彩られた第14窟ラーヴァナ・カ・カイ。 ▲右 いきいきとした柱の彫刻、仏教窟とは趣が異なる

第14窟ラーヴァナ・カ・カイ
Ravana Ka Kai（7世紀前期）[★★☆]

シヴァ神、ヴィシュヌ神の二大神にまつわる浮彫が見られる14窟。列柱の立つ長方形の広間の後方に祠堂がある様式で、リンガ（シヴァ神）を本尊とする。水牛の魔神を殺すドゥルガー女神、ヴィシュヌ神の化身野猪、踊るシヴァ神、カイラーサ山をゆさぶるラーヴァナ、豊かな乳房をもつ七母神など豊富な彫刻で壁面は描かれている。

【MEMO】

【地図】ヒンドゥー教窟

【地図】ヒンドゥー教窟の [★★★]
- [ ] ヒンドゥー教窟 Hindu Caves
- [ ] 第16窟カイラサナータ Kailasanatha

【地図】ヒンドゥー教窟の [★★☆]
- [ ] 第14窟ラーヴァナ・カ・カイ Ravana Ka Kai
- [ ] 第15窟ダサアヴァターラ Dasavatara
- [ ] 第21窟ラーメシュヴァラ Ramesvara
- [ ] 第29窟ドゥマールレナ Dumar Lena

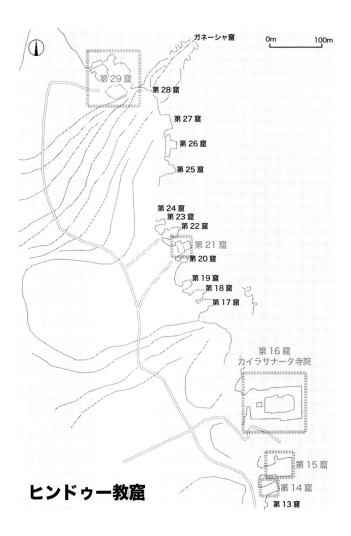

第14窟

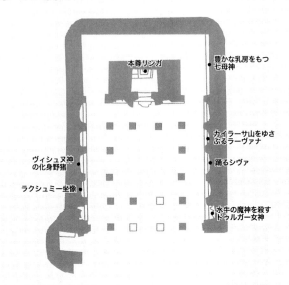

第15窟

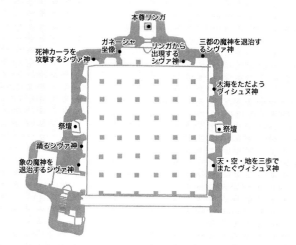

▲左　14窟で見られる野猪、ヴィシュヌ神の化身のひとつ。　▲右　15窟は二層からなる、上階に彫刻群が残る

第15窟ダサアヴァターラ
Dasavatara（7世紀後期〜8世紀前期）[★★☆]

大広間の周囲に僧房風の小室を配したプランをもつ15窟（もともと仏教窟として開削され、途中でヒンドゥー教窟に変更されたためと言われる）。上下二層からなり、壁面は彫刻で埋められている。天・空・地を三歩でまたぐヴィシュヌ神、ただよう大海をただようヴィシュヌ神、死神カーラを攻撃するシヴァ神、リンガから出現するシヴァ神、踊るシヴァ神などが彫られている。

Guide,
Kailasanatha
第16窟
鑑賞案内

INDIA
西インド

巨大な岩山をうえから彫り出すことで
寺院を現出させたカイラサナータ寺院
類まれな創造力が生んだ奇跡の彫刻

第16窟カイラサナータ
Kailasanatha（8世紀なかごろ〜9世紀）[★★★]

インド美術の最高傑作にあげられる第16窟カイラサナータ寺院。ラーシュトラクータ朝第2代クリシュナ1世の命で建設がはじまり、120年の月日をかけて造営された。幅46m、奥行き85mの岩山をうえから彫り出し、高さ32mの本堂を中心に、おびただしい量の神々の彫像、神話の場面、寺院をささえる象の彫刻（世界を支えると考えられていた）で彩られている。前方から楼門、ナンディン牛堂、前殿、拝殿、本堂（祠堂）が軸線上に配置され、本堂にはシヴァ神そのもの

▲左　『マハーバーラタ』の浮彫。反対側には『ラーマーヤナ』が見える。
▲右　エローラ石窟群の中心にあたる第16窟カイラサナータ寺院

と見られる生命力の象徴リンガ（男性器）がまつられている。

寺院を掘り出す

一般的なインドの石造り寺院が、切り出した石材を積みあげることで構築する石積み寺院となっているなか、エローラのカイラサナータ寺院はデカン高原の岩山を彫り出すことで寺院のかたちにしている。またインドの石窟寺院のほとんどが横から岩を掘っているのに対して、カイラサナータ寺院は岩山斜面に左右両脇と奥の計3本の溝を掘り、上から下へと開削が進んだ。「この建築を考えた者も勇敢なら、それをやら

INDIA
西インド

▲左　女性は生命を育む、肉感的な女神像。　▲右　本堂へ向かう人々、なかは薄暗がり

せた人間はもっと勇敢」と碑文は伝えている。

本尊リンガ

カイラサナータ寺院の本堂にはシカラと呼ばれる塔が立っていて、ヒンドゥー教の神々が棲むヒマラヤが表現されたものとなっている。この本堂にはシヴァ神そのものを表すリンガ（男性器）がまつられ、ヨーニ（女性器）をつらぬいている。これは生命力の象徴でもあるシヴァ神と女性が生命を生み出す力シャクティ（性力）、男女の結合によって新たな生命が生まれることが示されている。

【MEMO】

【地図】第16窟カイラサナータ寺院の [★★★]
- [ ] 第16窟カイラサナータ Kailasanatha

第16窟
カイラサナータ寺院

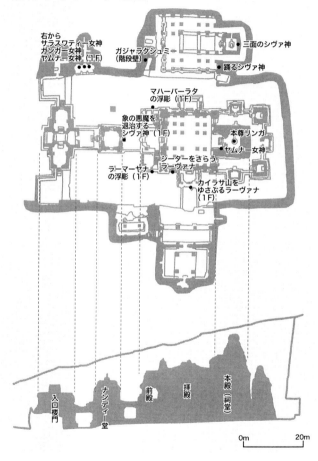

INDIA
西インド

▲左　各石窟への案内が地面に表示されている。　▲右　アジャンタに少し遅れてこの地でも仏教徒たちが石窟を造営していった

描き出された女神

カイラサナータ寺院ではさまざまな女神の浮彫が見える。カイラサナータ寺院本堂入口右のヤムナー女神、ランケーシュヴァラ窟階段のラクシュミー、北周壁に刻まれたサラスヴァティー女神、ヤムナー女神などがそれで、各地方の女神信仰がシヴァ神やヴィシュヌ神の妻というかたちでヒンドゥー教にとり込まれるようになった。

Guide, Hindu Caves 2
続ヒンドゥー教窟鑑賞案内

INDIA
西インド

傑作石窟の第21窟ラーメシュヴァラや
第29窟ドゥマールレナのほか
多くの巡礼者を集めるグリシュネーシュヴァル寺院

第21窟ラーメシュヴァラ
Ramesvara（6世紀なかごろ～6世紀後期）[★★☆]

方形の広間とリンガのまつられた奥の祠堂からなる21窟。この窟の前方にはシヴァ神の乗りものであるナンディ牛が安置され、前面左右にはガンガー、ヤムナー女神の彫刻が見られる。また内部には前廊に踊るシヴァ神の像、魔神を退治するシヴァ神など壁面にくまなく彫刻がほどこされ、とくに左側室東壁の踊るシヴァ神像はエローラにある彫刻のなかでも傑作にあげられる。

▲左　象頭のガネーシャ神、西インドで広く信仰を集める。　▲右　21窟前に見えるナンディ堂、シヴァ神の乗りもの

第29窟ドゥマールレナ
Dumar Lena（6世紀なかごろ）[★★☆]

ヒンドゥー教窟のなかで最北端に位置する第29窟。石窟群が刻まれた岩山が北西に曲がる場所に開削され、エローラ最初期の石窟寺院だと考えられている。45m四方の大きな広間をもち、その左右に部屋をもうける様式はエレファンタ島の第1窟と類似性がある。東奥にリンガがまつられているほか、カイラサ山をゆさぶるラーヴァナ、シヴァ神とパールヴァティー女神の結婚などの彫刻が知られる。

第21窟

INDIA
西インド

▲左　第21窟ラーメシュヴァラ。　▲右　リンガに捧げられた炎

第29窟

INDIA
西インド

グリシュネーシュヴァル寺院
Grishneshwar Mandir ［★☆☆］

エローラ石窟群から西1km弱に位置するグリシュネーシュヴァル寺院。幅20m奥行き26mの規模をほこり、エローラ第16窟カイラサナータ寺院と同じプランをもつ。ここに安置されたリンガはインドに12ある「光輝のリンガ」のひとつとされ、多くの巡礼者を集めている。

▲左　魔神を退治する第29窟ドゥマールレナ。　▲右　巡礼する人たちが列をつくるグリシュネーシュヴァル寺院

インドの聖地

ヒンドゥー教では多くの聖地があり、聖地に巡礼すれば解脱できると信じられている。とくに有名なのが七聖都(ハリドワール、マトゥラー、アヨーディヤー、バラナシ、ウッジャイン、カーンチプラム、ドワールカー)で、そのほかにも三聖地(バラナシ、アラハバード、ガヤ)、ヴィシュヌ神をまつる四大神領、シヴァ神そのものを意味するリンガをまつる12の光輝のリンガがあげられる。マハラシュトラ州にはこのうちグリシュネーシュヴァルやトリアンバケーシュヴァルなどが光輝のリンガの所在地がある。

Guide,
Jaina Caves
ジャイナ教窟
鑑賞案内

エローラ最北端に刻まれたジャイナ教窟
仏教徒、ヒンドゥー教徒に遅れて
開削がはじまった

ジャイナ教窟 Jaina Caves［★★☆］

エローラ石窟寺院でもっとも遅れて開削されたジャイナ教窟（30 〜 34 窟）。8 〜 10 世紀のものとされ、とくにジャイナ教を保護した 9 世紀のラーシュトラクータ朝第 6 代アモーガヴァルシャ 1 世の影響が強いと考えられている。祠堂にはジャイナ教の祖師（24 代目のマハーヴィラとそれに先立つ 23 人の祖師）がまつられている。彫像が裸体なのは、ジャイナ教の思想である無所有に由来する。

【地図】ジャイナ教窟

【地図】ジャイナ教窟の [★★☆]
- [ ] ジャイナ教窟 Jaina Caves

【地図】ジャイナ教窟の [★☆☆]
- [ ] 第32窟インドラ・サバー Indra Sabha

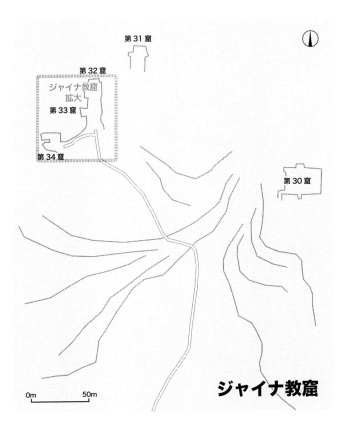

ジャイナ教窟鑑賞案内

【MEMO】

INDIA
西インド

ジャイナ教窟拡大

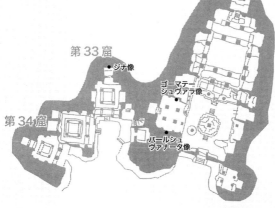

第32窟
第33窟
・ジナ像
ゴーマテーシュヴァラ像
第34窟
パールシュヴァナータ像

Ellora ジャイナ教窟鑑賞案内

▲左　エローラ石窟群最北端に残るジャイナ教窟。　▲右　32窟上階では彩色のあとも残っている

▲左　全裸のジャイナ教祖師、無所有を意味する。　▲右　ジャイナ教窟は中央からやや離れている

第32窟インドラ・サバー Indra Sabha［★☆☆］

ジャイナ教窟のなかでもっとも見応えのある第32窟。エローラ石窟群のなかでも末期（9〜12世紀）に建てられたもので、12本の列柱が立つ広間を中心に、23代祖師パールシュヴァナータの立像はじめ、24体の聖者像が見られる。第二層東側に彫られた2.4mの女神像に対面する男神像がインドラに似ているところから、「インドラの宮殿」を意味するインドラサバーと呼ばれている。

デカンに刻まれた巨大彫刻

INDIA 西インド

北インドと南インドの接点であるデカン高原
この岩山に刻まれたエローラ石窟群には
インドを代表する3つの宗教が邂逅する

ヒンドゥー教・仏教・ジャイナ教

ヒンドゥー教、仏教、ジャイナ教は3つの宗教はいずれもインドで育まれた。紀元前1500年ごろインドに侵入して支配者となったアーリア人のバラモン教に対抗するかたちで紀元前5世紀ごろ、仏教とジャイナ教が生まれ、紀元前3世紀のマウリヤ朝アショカ王の時代にはインド全域に広まっていた（バラモンの祭祀でなくとも解脱を得られるといった新思想）。一方でもともとあったインド土着の宗教をとりこむかたちで、バラモン教はヒンドゥー教へと進化し、各地の神々をシヴァ信仰（配偶者や家族として）とヴィシュヌ信仰（化

▲左　木陰で休む人々、インドの陽射しは厳しい。　▲右　エローラは岩肌を利用した宗教センターだった

身として）のなかに消化していった。やがて仏教はヴィシュヌ信仰のなかにとり込まれ、イスラム勢力の侵攻で教団の伝統はついえたが、ジャイナ教は存続して現在まで影響力をもっている（現在では20世紀になって仏教に改宗した新仏教徒と呼ばれる人々がいる）。

デカン高原の諸王朝

4～6世紀のグプタ朝時代が古代インド美術の黄金期だとされるが、6世紀に入ってフン族などの侵入で北インドが荒廃すると、ヒンドゥー文化の中心は南インドに移っていった。

INDIA
西インド

デカン高原にはヒンドゥー教を信仰する王朝がいくつもならび立ち、6世紀初頭に西チャールキヤ朝がインド西海岸に起こり、その家臣だったラーシュトラクータ朝（ラーシュトラクータとは「地方長官」を意味する）が750年ごろ宗主国の衰退とともにエローラ周辺に勢力を広げることになった。エローラ第16窟カイラサナータ寺院は、この王朝の第2代クリシュナ1世のもと造営がはじまっている。

北インドと南インドのはざまで

ヒンドゥー寺院は、シカラのかたちなどから大きく南方型と

▲左 世界遺産エローラ石窟群には多くの人が訪れる。 ▲右 インド仏教末期に開かれた仏教窟、重層建築となっている

北方型にわけられ、ピラミッド型のシカラをもつカイラサナータ寺院は南方型に分類される。これはラーシュトラクータ朝が仕えた西チャールキヤ朝の領土が南インドにもいたり、パッタダカルのヴィルーパークシャ寺院をもとにカイラサナータ寺院が造営されたためだとされる(岩から寺院を彫り出す様式は、南インドのマハーバリプラムのラタで発明されている)。エローラ石窟寺院に関与したラーシュトラクータ朝が北インド系の王朝か南インド系の王朝かはわかっていない。

参考文献

___

『みづゑ ヒンドゥー教の美術エローラ』(石黒淳 / 美術出版社)

『エローラ石窟寺院』(佐藤宗太郎 / 佐鳥出版)

『インド建築案内』(神谷武夫 /TOTO 出版)

『空間の生と死』(武澤秀一 / 丸善株式会社)

『アジャンタとエローラ』(立川武蔵・大村次郷 / 集英社)

『12 ジョーティル・リンガ寺院について』(山口しのぶ / 印度学仏教学研究)

『ユネスコ世界遺産 5 インド亜大陸』(ユネスコ世界遺産センター / 講談社)

『世界大百科事典』(平凡社)

まちごとパブリッシングの旅行ガイド

Machigoto INDIA , Machigoto ASIA , Machigoto CHINA

【北インド - まちごとインド】

001 はじめての北インド
002 はじめてのデリー
003 オールド・デリー
004 ニュー・デリー
005 南デリー
012 アーグラ
013 ファテープル・シークリー
014 バラナシ
015 サールナート
022 カージュラホ
032 アムリトサル

【西インド - まちごとインド】

001 はじめてのラジャスタン
002 ジャイプル
003 ジョードプル
004 ジャイサルメール
005 ウダイプル
006 アジメール(プシュカル)
007 ビカネール
008 シェカワティ
011 はじめてのマハラシュトラ
012 ムンバイ
013 プネー
014 アウランガバード
015 エローラ
016 アジャンタ
021 はじめてのグジャラート
022 アーメダバード
023 ヴァドダラー(チャンパネール)
024 ブジ(カッチ地方)

【東インド - まちごとインド】

002 コルカタ
012 ブッダガヤ

【南インド - まちごとインド】

001 はじめてのタミルナードゥ
002 チェンナイ
003 カーンチプラム
004 マハーバリプラム
005 タンジャヴール
006 クンバコナムとカーヴェリー・デルタ
007 ティルチラパッリ
008 マドゥライ
009 ラーメシュワラム
010 カニャークマリ
021 はじめてのケーララ
022 ティルヴァナンタプラム
023 バックウォーター(コッラム〜アラップーザ)
024 コーチ(コーチン)
025 トリシュール

【ネパール - まちごとアジア】

001 はじめてのカトマンズ
002 カトマンズ
003 スワヤンブナート

004 パタン
005 バクタプル
006 ポカラ
007 ルンビニ
008 チトワン国立公園

【バングラデシュ - まちごとアジア】

001 はじめてのバングラデシュ
002 ダッカ
003 バゲルハット（クルナ）
004 シュンドルボン
005 プティア
006 モハスタン（ボグラ）
007 パハルプール

【パキスタン - まちごとアジア】

002 フンザ
003 ギルギット（KKH）
004 ラホール
005 ハラッパ
006 ムルタン

【イラン - まちごとアジア】

001 はじめてのイラン
002 テヘラン
003 イスファハン
004 シーラーズ
005 ペルセポリス
006 パサルガダエ（ナグシェ・ロスタム）
007 ヤズド
008 チョガ・ザンビル（アフヴァーズ）
009 タブリーズ

010 アルダビール

【北京 - まちごとチャイナ】

001 はじめての北京
002 故宮（天安門広場）
003 胡同と旧皇城
004 天壇と旧崇文区
005 瑠璃廠と旧宣武区
006 王府井と市街東部
007 北京動物園と市街西部
008 頤和園と西山
009 盧溝橋と周口店
010 万里の長城と明十三陵

【天津 - まちごとチャイナ】

001 はじめての天津
002 天津市街
003 浜海新区と市街南部
004 薊県と清東陵

【上海 - まちごとチャイナ】

001 はじめての上海
002 浦東新区
003 外灘と南京東路
004 淮海路と市街西部
005 虹口と市街北部
006 上海郊外（龍華・七宝・松江・嘉定）
007 水郷地帯（朱家角・周荘・同里・甪直）

【河北省 - まちごとチャイナ】

001 はじめての河北省
002 石家荘
003 秦皇島
004 承徳
005 張家口
006 保定
007 邯鄲

【江蘇省 - まちごとチャイナ】

001 はじめての江蘇省
002 はじめての蘇州
003 蘇州旧城
004 蘇州郊外と開発区
005 無錫
006 揚州
007 鎮江
008 はじめての南京
009 南京旧城
010 南京紫金山と下関
011 雨花台と南京郊外・開発区
012 徐州

【浙江省 - まちごとチャイナ】

001 はじめての浙江省
002 はじめての杭州
003 西湖と山林杭州
004 杭州旧城と開発区
005 紹興
006 はじめての寧波
007 寧波旧城
008 寧波郊外と開発区
009 普陀山
010 天台山
011 温州

【福建省 - まちごとチャイナ】

001 はじめての福建省
002 はじめての福州
003 福州旧城
004 福州郊外と開発区
005 武夷山
006 泉州
007 厦門
008 客家土楼

【広東省 - まちごとチャイナ】

001 はじめての広東省
002 はじめての広州
003 広州古城
004 天河と広州郊外
005 深圳(深セン)
006 東莞
007 開平(江門)
008 韶関
009 はじめての潮汕
010 潮州
011 汕頭

【遼寧省 - まちごとチャイナ】

001 はじめての遼寧省
002 はじめての大連
003 大連市街
004 旅順
005 金州新区

006 はじめての瀋陽
007 瀋陽故宮と旧市街
008 瀋陽駅と市街地
009 北陵と瀋陽郊外
010 撫順

【重慶 - まちごとチャイナ】

001 はじめての重慶
002 重慶市街
003 三峡下り（重慶〜宜昌）
004 大足

【香港 - まちごとチャイナ】

001 はじめての香港
002 中環と香港島北岸
003 上環と香港島南岸
004 尖沙咀と九龍市街
005 九龍城と九龍郊外
006 新界
007 ランタオ島と島嶼部

【マカオ - まちごとチャイナ】

001 はじめてのマカオ
002 セナド広場とマカオ中心部
003 媽閣廟とマカオ半島南部
004 東望洋山とマカオ半島北部
005 新口岸とタイパ・コロアン

【Juo-Mujin（電子書籍のみ）】

Juo-Mujin 香港縦横無尽
Juo-Mujin 北京縦横無尽
Juo-Mujin 上海縦横無尽

【自力旅游中国 Tabisuru CHINA】

001 バスに揺られて「自力で長城」
002 バスに揺られて「自力で石家荘」
003 バスに揺られて「自力で承徳」
004 船に揺られて「自力で普陀山」
005 バスに揺られて「自力で天台山」
006 バスに揺られて「自力で秦皇島」
007 バスに揺られて「自力で張家口」
008 バスに揺られて「自力で邯鄲」
009 バスに揺られて「自力で保定」
010 バスに揺られて「自力で清東陵」
011 バスに揺られて「自力で潮州」
012 バスに揺られて「自力で汕頭」
013 バスに揺られて「自力で温州」

【車輪はつばさ】
南インドのアイラヴァテシュワラ寺院には建築本体に車輪がついていて寺院に乗った神さまが人びとの想いを運ぶと言います。

・本書はオンデマンド印刷で作成されています。
・本書の内容に関するご意見、お問い合わせは、発行元の
　まちごとパブリッシング info@machigotopub.com までお願いします。

まちごとインド
西インド015エローラ
～岩山から彫り出された「至高の寺院」[モノクロノートブック版]

2017年11月14日　発行

著　者	「アジア城市（まち）案内」制作委員会
発行者	赤松　耕次
発行所	まちごとパブリッシング株式会社 〒181-0013　東京都三鷹市下連雀4-4-36 URL http://www.machigotopub.com/
発売元	株式会社デジタルパブリッシングサービス 〒162-0812　東京都新宿区西五軒町11-13 清水ビル3F
印刷・製本	株式会社デジタルパブリッシングサービス URL http://www.d-pub.co.jp/

MP026

ISBN978-4-86143-160-9 C0326　　　Printed in Japan
本書の無断複製複写（コピー）は、著作権法上での例外を除き、禁じられています。